Yf 7364

# L'INFANTE

# DE ZAMORA.

$$\text{P\,R\,I\,X}\left\{\begin{array}{l}\text{de cette piéce}\ldots\ldots\ldots 24^{s}\\[1em]\text{des ariettes notées}\ldots\ldots\ldots 24^{s}\end{array}\right.$$

# L'INFANTE DE ZAMORA,

## COMÉDIE

### EN QUATRE ACTES,

MÊLÉE D'ARIETTES

*Parodiées sur la musique del Sig.ʳ Paisiello.*

*A PARIS,*

Chez DURAND Neveu, Libraire, rue galande.

*A STRASBOURG,*

Chez LES FRERES GAY, Libraires.

M. DCC. LXXXI.

# PERSONNAGES.

L'INFANTE DE ZAMORA, *sous l'habit de page Espagnol & le nom de* BLONDIN *ou de* BLONDINE.

D. MENDOÇA, *cousine de l'Infante, sous le nom de* D. OLYMPIA.

Le Chevalier MONROSE DE BRETAGNE.

MORION DE CHAMPAGNE, *Écuyer de Monrose.*

GEORGE MAIGRET, *Aubergiste du lieu où la scène se passe.*

JULIETTE, *servante de George.*

D. FADRIQUE, *courtisan de l'Infante.*

La scène se passe dans une auberge adossée à un pavillon du château de l'Infante.

Le théâtre représente 1°. une chambre d'auberge, 2°. une tour au milieu d'une forêt, 3°. un sallon du pavillon de l'Infante.

$L$E caractère général de l'Infante est noble & tendre. Celui de Dona Mendoça est timide , mais en même tems gai, léger : dans les scènes avec Monrose elle doit jouer la fierté & l'emportement. Celui de Monrose est impétueux. Sa violence est souvent concentrée par la honte d'aimer ; mais elle n'en a que plus de force dès l'instant qu'elle s'échappe ; il a d'ailleurs la franchise noble & la courtoisie des anciens Paladins de France. Morion de Champagne est un valet grossier & timide. George est véritablement brave & porté à rendre service par la seule envie de se mêler de tout : c'est un de ces gens qui, sans éducation, ont vu beaucoup de choses , mais les ont mal vues & n'en ont recueilli que des prétentions qu'ils portent à un ridicule excessif. Juliette est gaie, tendre & toujours naïve.

# L'INFANTE DE ZAMORA,

## COMÉDIE

### MÊLÉE D'ARIETTES.

## ACTE PREMIER.

## SCÈNE PREMIÈRE.

L'INFANTE, D. FADRIQUE, *plusieurs Courtisans enveloppés de manteaux.*

## DUO.

### L'INFANTE.

QUE l'attente me chagrine !
S'il s'éveille ! . . . Hélas ! Blondine !
Paix ! je pense entendre un pas.
Tout accroît mon embarras.

A 4

### D. FADRIQUE.

On s'approche, j'imagine ;
Ce fera votre coufine.
Oui j'entends, je crois, un pas ;
La voiture entre là-bas.

# SCÈNE II.

L'INFANTE, D. MENDOÇA, LES PRÉCÉDENS.

### L'INFANTE.

C'EST elle - même ; c'eft Dona Mendoça !
[ *courant l'embraffer* ] Ma chère coufine !

### D. MENDOÇA.

Mais où me conduit-on ? ... [ *reculant* ] Qu'eft-
çe ? Eh ! c'eft l'Infante ! Ah ! raffurez-moi, de
grace ; je me meurs de frayeur.

### L'INFANTE.

Repofez-vous, ma chère ; D. Fadrique., veillez
à l'exécution de tout ce que j'ai ordonné.

*D. Fadrique fe retire avec les autres.*

### D. MENDOÇA.

D'où vient donc ce déguifement ? & dites-moi
comment de votre palais je me trouve dans un
lieu fi extraordinaire. On diroit d'une auberge.

L'INFANTE.

C'en eft une en effet. Vous allez tout favoir, mais à la hâte, car je crains qu'il ne s'éveille & ne nous furprenne.

D. MENDOÇA.

Qui donc ?

L'INFANTE.

Un Chevalier dont les fentimens vont décider aujourd'hui du bonheur ou du malheur de mes jours.

D. MENDOÇA.

Une aventure d'amour ! Oh ! cela n'eft plus fi terrible.

L'INFANTE.

Je fis un tournois, il y a quelques femaines. Le Chevalier Monrofe de Bretagne y parut avec tous les avantages poffibles. Il reçut de mes mains un prix que mon cœur fuivit de près. Je rougis d'abord des fentimens qu'un fimple Chevalier inf- piroit à mon ame .....

D. MENDOÇA.

Pourquoi, s'il les mérite ? Tyran le blanc n'é- poufa-t-il pas une Impératrice ? Voyez la Reine

Iſeult, la Reine Geneviève ; mille exemples de Princeſſes & d'Infantes juſtifieront celle de Zamora.

### L'INFANTE.

Le mérite de mon Chevalier me juſtifie encore davantage. Sûre de ſon adreſſe, je voulus éprouver ſa valeur. Je lui fis dérober tous ſes équipages ; on l'invita, pour en ſavoir des nouvelles, à venir invoquer des eſprits dans une forêt que la crédulité du peuple a rendu fameuſe.

### D. MENDOÇA.

Oh ! je le ſais. Je l'ai traverſée en venant ici, & je n'y étois pas à mon aiſe.

### L'INFANTE.

Je tentai de l'effrayer par mille preſtiges ; toute ma Cour, ſous l'apparence de Génies ou de Fées l'environnoit ; rien ne fut capable de l'ébranler. J'y parus moi-même dans l'état le plus propre à le ſéduire. Je voulois qu'il me crût une infortunée pourſuivie par les enchantemens, & qu'il entreprît de m'en délivrer ; mais il prit le change, & c'eſt ce qui me déſeſpère.

### D. MENDOÇA.

Comment !

## L'INFANTE.

Soit à mon air, soit aux respects qu'on me rendoit malgré moi, il me crut l'auteur des enchantemens dont je voulois paroître la victime. La défiance, cette cruelle ennemie de l'amour, prit dans son cœur la place de la pitié que je cherchois à lui inspirer.

## D. MENDOÇA.

S'il craint de vous aimer, croyez qu'il n'en est pas loin.

## L'INFANTE.

Mais l'idée d'un être surnaturel & malfaisant lui inspiroit une horreur qu'il falloit vaincre ; je crus en trouver le moyen. Il voulut que le démon prétendu dont il se croyoit vainqueur, le suivît comme gage de sa victoire. Je m'excusai d'abord sur mon sexe, mais il m'ordonna de prendre un habit de page. Je profitai de son sommeil que j'avois fait naître, pour le ramener dans cette auberge qui touche à mon château. J'y fis faire une communication secrette. Je le vois chaque jour sous cet habit, sans avoir pu changer encore l'idée que je lui ai inspirée.

#### D. MENDOÇA.

En effet , fe faire diable n'eft pas le moyen
de fe faire aimer : mais connoit-il vos fentimens
pour lui ?

#### L'INFANTE.

Je crois qu'il s'en doute, & je ne lui en parois
que plus redoutable.

#### D. MENDOÇA.

Aime-t-il ailleurs ?

#### L'INFANTE.

Je ne fais. Le but de fon voyage eft d'aller à
Tolède époufer une certaine Olympia ; c'eft un
arrangement de famille : mais s'il en eft épris ,
s'il la connoit même, je l'ignore.

#### D. MENDOÇA.

Que ne lui déclarez-vous qui vous êtes.

#### L'INFANTE.

Oh ! non; c'eft affez pour le monde que je me
rende au plus valeureux des Chevaliers ; il faut
encore pour mon cœur qu'il foit un modèle de
loyauté, d'amour & de conftance. Il eft fi facile
à un Souverain d'être infidèle, & je ferois fi mal
heureufe s'il alloit le devenir !

D. MENDOÇA.

Mais avec le préjugé qu'il a contre vous, comment efpérer de lui plaire ?

L'INFANTE.

Oui, mais fi j'en puis triompher, combien je fuis raffurée pour la fuite.

D. MENDOÇA.

Allons donc, cela n'eft pas raifonnable.

L'INFANTE.

Vous me demandez de la raifon, & vous favez que j'ai de l'amour.

Plaire au cœur de ce que j'aime,
Étoit mon plus doux efpoir ;
Mais ce cœur, c'eft à lui-même
Que je le voulois devoir.

Trop épris de ma puiffance,
Il peut me trahir un jour.
S'il devine ma naiffance,
Il n'aura jamais d'amour.

Qu'il s'embrâfe de ma flâme,
Que je puiffe dans fon ame,
Malgré lui graver mes traits,
Le l'enchaîne pour jamais.

D. MENDOÇA.

Mais, ma chère Infante, à quoi puis-je vous servir dans tout cela ?

L'INFANTE.

A la plus dangereuse épreuve. Si comme je le crois, il ne connoit point cette Olympia, vous en ferez le personnage. Ce n'est pas assez pour moi de triompher de ses craintes & de l'apparence de ses devoirs, il faut encore que son cœur puisse résister à vos charmes.

D. MENDOÇA.

Mais, mais.... sans trop me faire valoir, cela sera peut-être difficile.

L'INFANTE.

J'y compte, & je n'en serai que plus sûre de lui. Mais j'entends.... il s'éveille ! Oh ! chère cousine, allez-vous-en.

D. MENDOÇA.

Par où, s'il vous plait ; je ne sais où je suis.

L'INFANTE.

Oui, c'est lui, sortons ; sortons vîte ensemble.

## SCÈNE III.

MONROSE *seul*, *ensuite* L'INFANTE, *sous le nom de* BLONDINE.

### MONROSE *entre.*

*Il commence cette tirade froidement, & s'enflamme par dégrés.*

ELLE n'eſt pas là ! . . . . ſon image ne me quitte point. . . . toute la nuit . . . . C'eſt un enchantement ! oui, tout me force d'y croire ; tant d'autres Chevaliers qui en ont été victimes avant moi ; ce que j'ai vu dans cette forêt ; juſqu'à cet amour même qui s'empare de mon cœur malgré la réſiſtance de ma raiſon . . . . O Virienne ! ô Morgain ! ô Alcine, fameuſes Fées ! votre art étoit-il auſſi puiſſant ? Vos yeux avoient-ils autant de charmes ? . . . Un Chevalier ! ſortons de cet affreux abîme ; ſortons en... [*avec ſang froid*] ; il eſt étonnant qu'elle ne ſoit pas encore venue. — Ah ! la voici.

### BLONDINE.

Qu'avez-vous donc ? vous ne paroiſſez pas tranquille.

MONROSE, *avec une violence concentrée.*

Tranquille ! — Oh ! — j'efpère que je le ferai
bientôt. Blondine, c'eſt le nom que vous vous
êtes donné : je ne vous menerai point à Tolède ,
j'ai changé d'avis ; je vous rends votre liberté.

### BLONDINE.

Ma liberté ! croyez-vous que ce foit de vous
ou de moi qu'elle dépende.

MONROSE , *avec un fang froid affecté qui
s'échappe à la dernière phrafe.*

Malgré votre habit on devineroit aifément
votre fexe. Je dois à l'inſtant d'un mariage, éviter
des foupçons que ce déguifement fembleroit con-
firmer : j'aime mieux laiffer ignorer ma victoire
que de courir des dangers.... que chaque inſtant
rend plus redoutables.

### BLONDINE.

Des dangers ! Hélas ! c'eſt à moi feule d'en
redouter.

MONROSE , *vivement.*

Quoiqu'il en foit , féparons nous dès ce foir, il
le faut, je le veux; fur-tout continuez de diffi-
muler. Gardez le nom de Blondine & cet habit
qui doit tromper tous les yeux.

BLON-

BLONDINE.

Vous ne me laifferez pas encore deux jours?

MONROSE, *avec beaucoup d'étonnement.*

Eh ! cruelle vifion qui me tourmente ! Dans deux jours ferai-je encore le maître de vouloir... Je le fuis maintenant , & j'en profite. J'entends du monde ; partez fans repliquer.

*Elle fort.*

## SCÈNE IV.

### MONROSE, CHAMPAGNE.

#### MONROSE.

C'EST toi !— c'eft toi, mon cher Morion de Champagne. Hé bien , mon ami , ma valife , de l'argent; pourrons-nous partir d'ici ? Ah ! je voudrois être bien loin.

#### CHAMPAGNE.

Ma foi, Sire Chevalier, j'en viens, de bien loin, & je vous jure qu'il n'y fait pas meilleur qu'ici. Point de valife , point d'argent ; j'ai fait trente lieues depuis hier , & je n'ai pas dîné.

#### MONROSE.

Comment donc ? Qu'eft-ce à dire ?

B

## CHAMPAGNE.

D'abord, en vous quittant à Zamora, j'ai... j'ai déjeûné, j'ai pris un cheval, j'ai cherché fur le chemin à terre; — pas plus de valife que deffus ma main. Je me fuis arrêté dans le village d'où nous étions partis, tambourinant tant que j'avois de force....

Tambour battant j'avance;
Chacun fait grand filence;
On s'approche à grand pas.
De par le Roi de France,
( On fait la révérence,
On tient le chapeau bas.
Relan plan, je commence : )
Il eft fait ordonnance
Par Monfieur le Bailli
Et par le Roi de France.
( Hé bien donc ! qu'eft-ce ci,
Marauds, la révérence. )
Mon maître a fait la perte
D'une valife verte :
Qui la rapporte dans l'inftant,
A vingt louis comptant.
Je cherche une valife :
C'eft ici qu'on la prife.
Qu'on écoute ce que je dis;
La recompenfe eft vingt louis;
C'eft plus que ne vaut le pays.

Mais ſi quelqu'un la garde,
A lui qu'il prenne garde.
Que le tout ſoit rendu,
Relan tan plan, ſous peine,
Relan tan plan, certaine
D'être auſſitôt pendu.

MONROSE.

Savez-vous bien que vous m'impatientez ?

CHAMPAGNE.

C'eſt que je ne veux rien vous cacher. Je
criois donc : » Il eſt fait à ſavoir à tous ceux qui
» auront trouvé une petite valiſe, *vert anglois*,
» contenant, entre autres choſes, un porte-feuille
» de ſoye, piqué, parfumé, brodé, rempli de
» lettres de change, lettres d'amour & autres :
» Plus, une bourſe de cuir avec deux cents écus
» d'or, de bon poids & de bon aloi : Plus, la bonne
» épée, qui appartint jadis à Triſtan de Léonois,
» avec laquelle il tua le Moroult d'Irlande, & qui
» en porte encore la brêche : Plus, un des dia-
» mans du ſaint Graal, & un des clous de l'armet
» de Mambrin : Plus....

MONROSE.

Auras-tu bientôt fini ?

## CHAMPAGNE.

Il falloit bien détailler tout votre équipage, pour lui donner un air d'importance. » Sachez
» donc, difois-je, que le tout appartient au très-
» preux, très-vaillant, très-courtois, très-loyal
» Chevalier Monrofe de Bretagne, fils du brave
» Remond d'Aquitaine, lequel étoit né du valeu-
» reux Meffire Gauvain de . . . .

## MONROSE.

Le bourreau dira toute ma généalogie !

## CHAMPAGNE.

Enfin, j'ai dit vos noms, vos titres, ceux de votre père, de votre mère, de.... Ah ! ma foi non, j'ai oublié ceux de votre mère.

## MONROSE.

Et tout cela n'a rien fait !

## CHAMPAGNE.

Rien du tout. J'arrive à Reines pour vendre une de vos terres comme vous me l'aviez ordonné. Je m'adreffe à un homme de Juftice; il me demande d'abord la moitié de mon argent. Le lendemain, il lui faut la moitié du refte. Le lendemain il exige encore une moitié, & le lendemain je fuis parti fans avoir de quoi finir mon voyage.

MONROSE.

Dieu ! Comment me tirer d'embarras ?

CHAMPAGNE.

Auſſi n'avoir pas de ſoin de deux cents écus d'or. Je me ſerois donné au diable, moi, pour les retrouver.

MONROSE.

Ma foi, c'eſt ce que j'ai fait : mais à la lettre, le diable a grande part dans mon aventure ; le ſoir même que nous nous quittâmes, un Cheva-lier eſpagnol, l'un de ceux que je vainquis au tournois, à qui je racontois cette perte, me pro-poſa d'en aller chercher des nouvelles à la *forêt des Charmes*; je ſouris .... » Ne croyez vous pas, » continua-t-il, au pouvoir de la négromancie & » à ces êtres ſurnaturels, dont la puiſſance ſur-» paſſe de beaucoup celle des hommes ? Je ne » fais qu'en penſer, répondis-je ; je n'en ai jamais » vu. — Auriez-vous le courage d'en voir ? ajou-« ta-t-il d'un ton terrible.

CHAMPAGNE, *effrayé,*

Ma foi, non.

MONROSE, *avec beaucoup de nobleſſe.*

Je ſuis François, lui dis-je, & j'accepte. Il me conduit dans une forêt d'autant plus obſcure que la nuit l'étoit fort ; me place vis-à-vis d'une caverne dont l'afpect paroiffoit affreux....

CHAMPAGNE, *dont la frayeur augmente.*

Ah ! Monfeigneur, retirons nous bien vîte.

MONROSE.

Il m'apprend une formule d'invocation, compofée de mots barbares ; je la répète trois fois, & il difparoit.

CHAMPAGNE.

Las ! voyez !

MONROSE, *ralentiffant la narration.*

Tout-à-coup le lieu s'éclaire & m'en laiffe voir toute l'horreur. Une effroyable tête de chameau..

CHAMPAGNE, *fe cachant dans les habits de fon maître.*

Miféricorde !

MONROSE.

Paroît à travers les fenêtres de la caverne, & me crie d'une voix affortie au refte de l'apparition : *che vuoi ?*

CHAMPAGNE, *fe jettant à terre de frayeur.*

Ah ! bon Dieu ! c'eft pour en mourir ! — & ce que... ce que vous dites qu'il a dit, c'eft apparament quelque mot... diabolique.

MONROSE.

Non, c'eſt un mot italien qui ſignifie : *Que veux-tu.* Mais le ton dont il fut prononcé.

CHAMPAGNE.

Ah ! ſans doute.

MONROSE.

Sans me démonter, je réponds à l'horrible tête.

CHAMPAGNE, *très-étonné,*

Vous lui avez répondu.

MONROSE.

» Tu veux en vain m'effrayer ; combattons ſi » tu l'oſes ; ou ſi tu crains un combat dont l'évé- » nement te feroit funeſte , avoue ta défaite & » conſens à me ſervir. « J'avois à peine parlé que la terre s'entre-ouvre ; je tombe dans un ſallon éclairé de mille bougies , & d'une magni- ficence étonnante, rempli de toutes parts ....

CHAMPAGNE.

De monſtres hideux ?

MONROSE.

Non, de femmes charmantes, qui ſembloient ſe diſputer à l'envi le droit de me rendre des ſoins.

CHAMPAGNE.

Ah ! oui, des femmes ; tout autant de diables.

MONROSE.

L'une d'elles dont la parure étoit plus négligée, mais que ſes graces naturelles rendoient plus redoutable, paroiſſoit ſoumiſe aux enchantemens qui nous environnoient. D'un air ſuppliant & ingénu, elle me prie de l'en délivrer ; j'allois céder; mais à ſon maintien noble, à l'air de déférence qu'avoient pour elle toutes ſes compagnes, ſurtout au trouble qu'éprouva mon cœur, je ſentis tout ce que j'avois à craindre. Vous m'offrez en vain, m'écriai-je, l'apparence d'un ſexe que je reſpecte, ou combattons ſous votre forme naturelle, ou ſuivez-moi juſqu'à Tolède pour rendre témoignage du premier exploit du Chevalier Monroſe. Ce parti fut accepté, à condition qu'elle ſe déguiſeroit ſous l'habit de page. Bientôt un doux ſommeil s'empara malgré moi de mes ſens; & à mon reveil je me trouvai dans mon auberge.

CHAMPAGNE, comme débarraſſé d'un grand poids.

Ah ! Dieu merci, vous avez rêvé tout cela.

MONROSE.

Point du tout; cette jeune perſonne eſt ici, & plus charmante que jamais, en habit de page.

### C H A M P A G N E.

Quoi ce diable vous fuit, & un diable femelle encore ! vous ne pourrez jamais vous en dépêtrer.

### M O N R O S E.

Qu'elle a pour me féduire
De graces, de talens !
Quel redoutable empire,
Elle a pris fur mes fens !
Si je veux me défendre
De fon fatal pouvoir,
Il faut ne plus l'entendre,
Il faut ne plus la voir.
Au charme qui m'entraîne.
Je cède fans retour :
Mon cœur cherchoit la haine,
Il a trouvé l'amour.

### C H A M P A G N E, *avec un peu d'effroi.*

Monfeigneur ! — cette Fée, ce diable, ce page, tout ce que vous voudrez, feroit-ce par hazard ce jeune garçon qui étoit avec vous quand je fuis venu ?

### M O N R O S E.

C'eft elle-même ; & garde-toi de revéler fon fexe.

### C H A M P A G N E, *fort effrayé.*

O ciel ? & moi qui l'ai touché par fon habit. Ah ! Monfeigneur, fi vous voulez me garder, renvoyez-le bien vîte.

MONROSE.

Quoi ! vous voulez me fervir d'Écuyer , & vous êtes de cette poltronnerie !

CHAMPAGNE.

Ma foi, je n'étois qu'un bon payfan quand vous m'avez chargé de vos armes, & nous autres pay-fans nous aimons la vie ; nous n'avons que cela.

MONROSE.

Va, ce n'eft pas à toi, qu'elle en veut.

CHAMPAGNE.

N'importe ; mais avant de chaffer ce démon je lui dirois : Coquin, donne-moi de l'argent tout-à-l'heure, & décampe : car il faut payer votre hôte, & partir.

MONROSE.

Tu veux que je reçoive de l'argent d'une femme ?

CHAMPAGNE.

D'un diable ! & quoique l'argent du diable ne vaille pas grand-chofe, c'eft toujours affez bon pour payer fes dettes.

MONROSE.

Point du tout. George notre hôte eft un ba-vard ridicule à l'excès ; mais il eft bon homme il entendra raifon. Voici Blondin : faites-lui faire le compte, vous m'appellerez enfuite.

*Il fort.*

### CHAMPAGNE.

Moi que je lui parle ! & s'il alloit me cr r r r....
*Il fe ferre le col comme quelqu'un qu'on étrangle.*
Oh ! je m'en irai d'abord.... Heureufement, voici ma petite Juliette.

---

# SCÈNE V.

### BLONDINE, CHAMPAGNE, JULIETTE.

*Juliette a l'air de s'occuper beaucoup de Blondine, qu'elle prend pour un garçon. Lazzis de Champagne pour éviter de fe trouver auprès de Blondine.*

### BLONDINE, *à part.*

CET homme fait tous fes fecrets ; tâchons de gagner fa confiance.

*Elle veut s'approcher de lui.*

### CHAMPAGNE, *s'en éloignant avec frayeur ;*
*A Juliette.*

Eh ! bon jour, ma chère enfant.

JULIETTE.

Ah ! tenez M. Champagne, puifque vous êtes l'Écuyer de Monfeigneur, voila M. Blondin fon page, qui n'ofe pas lui remettre quelque chofe qu'il a ; allez, le lui porter.

CHAMPAGNE.

Qu'il y aille lui-même, il eft fait pour cela. Allons, ôtez-vous ! ne me touchez pas feulement.

JULIETTE.

Ah ! mon Dieu, que vous êtes brufque ! Avez-vous peur qu'il vous brûle ?

CHAMPAGNE.

Cela fe pourroit bien.

BLONDINE, *à part.*

Il me craint ; fon maître aura parlé. [*Haut*] Mais je vous en prie, mon ami, dites-lui que puifqu'il faut que je le quitte . . . .

CHAMPAGNE.

Moi, votre ami ! & que je touche à cela ! Le diable m'emp. . . . [*à part*] non, non ; il ne faut pas dire cela fi haut.

JULIETTE.

Comme il vous parle donc ! Voyez qu'il eſt groſſier ! mais allez-vous-en ; qu'eſt-ce qu'il vous demande ?

CHAMPAGNE.

Ma foi , je ne demande pas mieux. J'ai du regret à vous quitter , mais je crains d'avoir le diable à mes trouſſes.

## SCÈNE VI.

### BLONDINE, JULIETTE.

#### BLONDINE, *à part.*

IL eſt amoureux de Juliette ; ſachons ſi elle l'aime pour obtenir par elle , ce que je voudrois ſavoir de lui.

JULIETTE.

Mais qu'eſt-ce que vous lui avez donc fait ? il n'étoit pas comme cela.

BLONDINE.

Cela vous fàche ; votre petit cœur y eſt ſenſible.

JULIETTE.

Vraiment oui.

### BLONDINE.

Et c'eſt l'amour ſans doute, qui cauſe l'intérêt que vous y prenez ?

### JULIETTE.

L'amour.... ah ! dame, je ne voulois pas vous le dire ; mais ſi vous le devinez, ce n'eſt pas ma faute.

### BLONDINE.

Raſſurez-vous, ma chère Juliette ; il n'y a point de mal.

### JULIETTE.

Il n'y a pas de mal ! Ah ! tant mieux, j'en avois peur.

### BLONDINE.

Pourquoi, ſi l'objet de votre choix eſt digne de vous plaire.

### JULIETTE.

Vraiment vous le ſavez bien. Mais c'eſt qu'on dit qu'il n'eſt pas honnête à une fille d'avouer cela la première.

### BLONDINE.

Comment ! eſt-ce que Champagne ne vous a pas encore dit qu'il vous aimoit?

### JULIETTE.

Monfieur Champagne, oh ! fi-fait ; je crois qu'il me l'a dit.

### BLONDINE.

Hé bien, fans doute il exige du retour; vous pouvez lui faire l'aveu de votre tendreffe.

### JULIETTE.

Bafte ! je ne vous l'aurois pas dit à vous, fi vous ne l'aviez pas deviné, & vous voulez que j'aille le lui dire ?

### BLONDINE.

Non pas tout de fuite; mais il faut bien qu'il fache un jour que vous l'aimez.

### JULIETTE.

Mais puifque je vous dis que c'eft vous que j'aime, je n'ai rien à dire à Monfieur Champagne.

### BLONDINE, *à part.*

Bon, c'eft moi qu'elle aime à préfent. Nous voici toutes les deux bien avançées.

JULIETTE.

Je n'y fais point de finesse ;
Je suis jeune & sans adresse ;
Si j'éprouve ta tendresse,
Je la pris sans y songer.
Je soupire & je m'agite ;
Près de vous mon cœur palpite ;
Je le sens qui bat plus vîte ;
Il s'en va quand je vous quitte ,
Et tout semble l'affliger.
Mais ce mal qu'amour me cause ,
A mon cœur paroit léger
Et pour la plus douce chose,
Je ne le voudrois changer.

BLONDINE.

Vos sentimens me touchent, ma chère enfant,
mais ils ne vous meneront pas à grand'chose,
en vérité, Champagne les mérite mieux que moi.

JULIETTE.

Sans vous je l'aurois peut-être aimé.

BLONDINE.

Le Chevalier vient ; il faut que je me retire.
Vous m'avez promis de lui donner cette boëte,
de grace ne m'oubliez pas. [*Elle sort précipitamment.*]

JULIETTE.

Que je ne l'oublie pas ! après ce qu'il fait ! Hé
bien ! je suis fâchée à présent qu'il le sache ; j'en
suis plus inquiette.

SCÈNE

## SCÈNE VII.

MONROSE, JULIETTE, *enfuite* GEORGE.

### MONROSE.

FAITES monter George.

### JULIETTE.

Pardon, Monfeigneur; voilà ce que M. Blondin m'a dit de vous remettre.

### MONROSE.

Vous ne favez pas ce que c'eft ?

### JULIETTE, *avec intérêt.*

Non, mais il avoit l'air tout chagrin. Ce n'eft pas que Monfeigneur le renvoie ?

### MONROSE.

Non, je n'ai pas prétendu.....

### JULIETTE.

Ah ! c'eft bon ; tant mieux, je m'en vais bien vîte le lui dire. [ *Elle fort par un côté, George arrive de l'autre d'un air fort compaffé* ].

### GEORGE.

J'accours avec vîteffe, & même promptement
On arrive plutôt quand on court... couramment.

C

MONROSE, *à part.*

C'eſt ici qu'il faut de la patience. [*Haut*] J'ai
des choſes triſtes à vous dire, Maître George,
aſſeyons-nous.

## GEORGE.

Je ne m'appelle maître qu'au barreau, & je ne
m'affieds qu'à l'école, quand j'ai changé mon
bonnet de coton blanc, contre un bonnet quarré
noir, & mon tablier contre une chauffe. *Quantum
mutatus ab illo !*

## MONROSE.

Je vous ai déjà dit que j'étois triſte, & point
du tout en humeur de plaiſanter.

## GEORGE, *rapidement.*

La *plaiſanterie*, Monſeigneur, eſt la fille, & en
même-tems, la mère de la *gaieté*; elle la produit
comme elle en eſt produite. La *ſanté* eſt à-la-fois
ſa tante & ſa couſine, car la *gaieté* étant la ſœur
de la *ſanté*, la *plaiſanterie*....

## MONROSE, *avec emportement.*

M'impatiente.

## GEORGE.

Parlez, Monſeigneur, parlez.

Ordonnez ; que faut-il faire ?
Avocat, Greffier, Notaire,
Magiſter ou Cuiſinier,
Au barreau comme à la guerre ;
A la plume, au cimetère,
Monſeigneur peut m'employer :
J'offre ici mon miniſtère :
Eſt-ce un repas qu'il faut faire ?
Faut-il brouiller une affaire
La plus nette, la plus claire ?
Je ſais le fin du métier.
Combattons, s'il faut combattre ;
Battons-nous, s'il faut nous battre ;
C'eſt là que je ſais m'ébattre ;
Jamais rien ne peut m'abattre ;
Je ſuis un vrai diable à quatre.
Faut-il aller à la guerre,
Sur la mer ou ſur la terre ?
A la plume, au cimetère,
Monſeigneur peut m'employer :
George eſt un vaillant compère ;
Que rien ne peut effrayer.

MONROSE, *hors de lui d'impatience.*

Maudit bavard que vous êtes ! voulez-vous
bien m'écouter ——? Maître George, je ſais que je
vous dois beaucoup ; mais n'ayant plus autour de
mes équipages ...

### GEORGE.

Oh ! pour celui-là, Monseigneur, dussiez-vous me brûler, m'écorcher, me battre, je vous dirai comme Annibal disoit à Darius : *Frappe, mais écoute.* Je suis honnête homme, Monseigneur, & je ne suis pas fait pour qu'on m'éprouve ; entendez-vous ? *Probitas inexpugnabilis.* Vous m'avez tout payé ; voilà vos quittances....

### MONROSE.

Maître George, si vous êtes fou, que ce ne soit pas du moins contre vos intérêts. Je vous ai payé, moi ?

### GEORGE.

Non pas vous, Monseigneur, mais votre argent, vuidé ès mains de votre serviteur *George Maigret,* par les mains du plus beau, du plus discret, du plus zélé de tous les pages.

### MONROSE *se levant & d'un air très-sérieux.*

Qu'on fasse venir Blondin.

### GEORGE.

En belles espèces aussi sonnantes que dorées. Qu'il le dise lui-même. [ *d'un ton patelin* ] *Veni, veni, mi amice!*

### MONROSE.

C'eſt bon ; vous êtes payé, maître George, vous pouvez vous retirer.

### GEORGE.

Le tourne-broche m'appelle, *& iterum valete.*

---

## SCÈNE VIII.

### MONROSE, BLONDINE.

### MONROSE.

BLONDINE, que veulent dire ces papiers que George vient de me remettre ?

### BLONDINE.

Ah ! Chevalier, ne m'enviez pas au moins la douceur de vous être utile.

### MONROSE, *fièrement.*

Non.... Soit que j'aie à vous redouter comme une enchantereſſe, ou à vous plaindre comme une ſimple mortelle, vos bienfaits ne m'arrêteront pas. Dans peu je pourrai vous les rendre. — Champagne.

### BLONDINE, *à part.*

Que va-t-il faire ?

### MONROSE.

Champagne, accours ici.

## SCÈNE IX.

### LES PRÉCÉDENS, CHAMPAGNE.

CHAMPAGNE *accourt vers fon maître & fe recule avec effroi, fe trouvant près de Blondine.*

ME voilà, Monfieur.

MONROSE, *très-rapidement.*

Pars, vole au village de Nuguès. Olympia doit m'y attendre ; dis-lui l'affreux embarras qui m'arrête, & dont elle feule peut me tirer. — Attends : tu n'es pas connu, je vais te chercher mes lettres de créance. — Pars Champagne, rends-moi la vie... qu'elle cherchoit peut-être à m'arracher. [ *il s'éloigne* ].

BLONDINE, *à part.*

*Lazzis de frayeur de la part de Champagne.*

Sachons s'il connoit cette Olympia. — [ *Haut* ] Champagne, par toutes les puiffances de l'univers, fonge à ne pas remuer d'ici, & à me répondre jufte.

CHAMPAGNE, *à part.*

O ciel ! mon maître qui me laiffe feul !

BLONDINE.

M'entends-tu ?

## CHAMPAGNE.

Oui Monf.... Mad.... Comment faut-il que je vous appelle ?

## BLONDINE.

Dis-moi feulement la vérité. Ton maître aime-t-il cette Dame de Tolède ?

## CHAMPAGNE, *héfitant.*

Non... oui ... oui, Monfeigneur.

## BLONDINE.

Elle eft donc bien charmante ?

## CHAMPAGNE.

Mais ....

## BLONDINE, *frappant du pied.*

Parle donc ;

## CHAMPAGNE, *mourant de frayeur.*

En vérité, je n'en fais rien ; nous ne l'avons jamais vue, ni l'un ni l'autre.

## BLONDINE, *à part.*

Bon ! voilà ce que je voulois. [*Haut*] Écoute, fi tu fais un mot de ce que t'a dit ton maître, fi tu pars, tu peux t'attendre aux plus horribles tourmens.

CHAMPAGNE.

Mais....

BLONDINE.

Point de replique.

MONROSE, *toujours avec la même vivacité.*

Viens Champagne, arrache - moi de l'abime.
C'eſt Olympia que je dois ſeule aimer. Tel eſt
le vœu de ma famille ? [ *regardant Blondine* ] Ba-
lancera - t - elle les avantages de cet hymen? —
Oui, oui chère Olympia, je veux vous conſacrer
ce cœur que ſon art perfide aſſiège envain par
tant de charmes.

*Pendant ce Duo Blondine menace Champagne, s'il*
*obéit à ſon maître; celui-ci eſt partagé entre ſa*
*frayeur & le ſoin qu'il prend de la cacher.*

Dis - lui bien, s'il eſt poſſible,
Que, pour elle ſeule ſenſible,
Mon cœur ſera toujours conſtant.
Qu'as - tu donc ?

CHAMPAGNE, *feignant de touſſer.*

Un rhume horrible
Qui m'attaque dans l'inſtant.

MONROSE.

Dis - lui que ma tendreſſe . . .

CHAMPAGNE.

Ouf !

MONROSE.

Hé bien !

CHAMPAGNE.

C'eft qu'il m'oppreffe.
Le friffon, je crois, me prend.

MONROSE.

Que bientôt unis enfemble,
Par ma flâme ....

CHAMPAGNE.

O Ciel ! je tremble.

MONROSE.

Tu friffonnes, ce me femble ;
Tu prends bien ton tems, ma foi.

CHAMPAGNE.

Ce n'eft rien. [ *à part* ] Je meurs d'effroi.
[ *Haut* ] Dite, dite, allons, j'écoute.

MONROSE.

Dis-lui bien ce qu'il m'en coûte.

CHAMPAGNE.

Hay, hay, hay, hay, j'ai la goutte.

## MONROSE.

Tu la guériras en route.
Tu prends bien ton tems, ma foi. —
Qu'un obstacle encor loin d'elle
Peut-être m'arrêtera.

*Ensemble.*

| CHAMPAGNE. | MONROSE. |
|---|---|
| Hay, hay, hay, douleur cruelle! | Ce n'est qu'une bagatelle |
| J'ai la goutte *& cætera* , | Que le grand air guérira ; |
| Mon mal s'accroît de plus belle, | Allons, prouve-moi ton zèle ; |
| S'il part Champagne en mourra. | Ce n'est rien que ce mal là. |

# SCÈNE X.

## MONROSE, BLONDINE.

### BLONDINE.

MONROSE, écoutez-moi, ... Refuserez-vous cette grace à mes larmes, à mon sexe ?

MONROSE, *reprenant tout-à-coup son sang-froid.*

Non : vous venez, sans y penser, de me prendre par mon serment. Lorsque l'Empereur m'arma Chevalier, je jurai de ne porter les armes que pour la défense de l'honneur, de la patrie & des dames ;

& de n'en défobliger aucune, quelque danger que j'y puiffe courir. Parlez. Mon ferment m'oblige à vous entendre, mais il veut auffi que je me défie de vos enchantemens.

### B L O N D I N E.

Trahit-on ce qu'on aime ? C'eft la froideur qui trompe & non l'excès de la paffion.

### M O N R O S E.

Eh ! qu'attendez-vous de ce feu qui malgré moi veut embrâfer mon ame ? Puis-je rompre les liens qui vont m'attacher à Olympia ? Qui êtes-vous pour juftifier un pareil facrifice ?

### B L O N D I N E.

Je fuis malheureufe, c'eft tout ce que vous pouvez favoir ; peut-être un jour regretterez-vous cette Blondine que vous aurez abandonnée aux plus affreux enchantemens.

M O N R O S E, *fe livrant à toute fa tendreffe.*

T'abandonner ! Non, je le jure, jamais . . .

### B L O N D I N E.

Ah ! Monrofe, ce ferment va me rendre le plus heureux de tous les êtres.

MONROSE, *se reprennant.*

Qu'ai-je dit, & qu'espérez-vous ? J'ai promis de vous défendre, & non pas de vous livrer mon cœur.

Vous croyez que je vous aime ?
Non, malgré mon trouble extrême,
Ma raison toujours la même,
Me défend d'y consentir.

### BLONDINE.

Sans cesser d'être la même,
Souffrez mon amour extrême;
Quel danger, si je vous aime,
Pouvez-vous jamais courir ?

## SCÈNE XI.

LES PRÉCÉDENS, GEORGE, *ensuite* DE FADRIQUE, *& un peu après* CHAMPAGNE.

### GEORGE.

Monseigneur, & vîte & vîte.
Un homme arrive à grands pas,
Qui vous demande là-bas.

### BLONDINE.

Monrose, ah ! mon cœur palpite;—
Non, je ne vous quitte pas.

## MONROSE, *à part.*

Son malheur est sans remède. —
[*Haut à George*] Voyez, si c'est de Tolède,
Et vous le ferez monter;
Il faudra bien l'écouter.

## GEORGE.

Oui, j'entends très-bien la chose.

*Il sort.*

## BLONDINE.

Contre moi tout se dispose,
Mais je ne puis vous quitter —

## MONROSE.

Eh ! qui pourroit-ce être ?
Comment concevoir . . .

## D. FADRIQUE *en Courrier.*

J'apporte une lettre
Que dès hier au soir,
Vous deviez avoir.

## MONROSE, *ouvrant la lettre.*

Olympia m'écrire !

## D. FADRIQUE.

J'arrive de sa part.

MONROSE.

Fort bien, laiffez-moi lire;
Tenez-vous à l'écart.

[ *Il lit* ] » C'eft trop vous faire attendre.
» Je viens pour vous furprendre.
» Je crois enfin comprendre
» La caufe d'un retard....
Que voudroit-elle entendre?
A-t-elle des foupçons?

BLONDINE.

A tout je dois m'attendre.
Pour calmer fes foupçons
Nous nous féparerons.

MONROSE, *continuant de lire.*

» Je viens pour voir ce page . . .
Elle en a pris ombrage !

BLONDINE.

Hélas ! c'eft fait de moi.

MONROSE.

» Il faut qu'on s'en défaffe.
Quoi, l'on me fait la loi !
Je crains peu la menace;
Ce qu'il faut que je faffe
N'eft connu que de moi,

CHAMPAGNE, *arrivant tout effoufflé.*

Vîte, vîte, grand tapage,
Il arrive un équipage.
Une Dame . . .

### MONROSE.

Quelle eft-elle ?

### CHAMPAGNE.

Mais je penfe que c'eft celle
Que mon maître époufera ;
Oui, Madame Olympia.

### MONROSE.

Je defcends au-devant d'elle ;
[ *à part* ] Eft-il peine plus cruelle ?
[*à Blondine*] Calmez cette peur nouvelle,
Tout cela s'arrangera.

### BLONDINE.

Lorfque tout dans la nature
Me trahit, me fait injure,
La bonté qui me raffure
Contre tout me foutiendra.

### CHAMPAGNE.

Il faudra qu'il déguerpiffe,
Ce démon plein de malice.
Si mon maître fait juftice,
Au diable il le renverra.

## SCÈNE XII.

MONROSE, D. MENDOÇA *sous le nom*
*d'*OLYMPIA, GEORGE, JULIETTE,
CHAMPAGNE, BLONDINE.

*Monrose s'avance avec D. Mendoça sous le nom de*
*D. Olympia. George leur fait de grandes poli-*
*tesses d'aubergiste. Blondine se retire vers l'appar-*
*tement de Monrose : Champagne se tient dans le*
*fond avec les gens d'Olympia. Juliette arrive un*
*instant après.*

### MONROSE ET D. OLYMPIA.

Aн ! qu'avec impatience
J'attendois votre préfence :
Dans la crainte, l'efpérance
S'écouloient tous les momens.

Si l'amour tous deux nous raffemble ?
Que nos jours vont être charmans !
Mais pardonnez - moi fi je tremble
De connoître vos fentimens.

### JULIETTE.

Pour ranger tout l'équipage
Je cherchois Monfieur Blondin.

### MONROSE.

Eh ! laiffez-là cet ouvrage,
Vous le finirez demain.

OLYMP,

## OLYMPIA.

Ce Blondin eſt donc ce page
Que vous prîtes en voyage ?

## JULIETTE.

Oh ! c'eſt un garçon fort ſage,
Fort aimable & fort humain.

## OLYMPIA.

Je veux voir ce beau page.

## MONROSE.

Laiſſons ce badinage ;
Nous parlerons demain.

## JULIETTE *l'amenant.*

Voilà Monſieur Blondin.

## OLYMPIA.

[ *à part* ] Que je me divertiſſe, ——
[ *Haut* ] Voyons Monſieur Blondin, ——
Soit raiſon ou caprice,
Il partira demain.

### *Enſemble.*

| OLYMPIA. | MONROSE. | BLONDIN. |
|---|---|---|
| Il faut qu'on m'obéiſſe | Que tout ceci finiſſe ; | Faut-il qu'on me puniſſe ? |
| Pour poſſéder ma main, | Nous parlerons demain. | Quel eſt mon crime enfin? |

| CHAMPAGNE. | JULIETTE ET GEORGE. |
|---|---|
| Démon plein de malice , | D'où lui vient ce caprice ? |
| Tu partiras demain. | Qu'a fait M. Blondin ? |

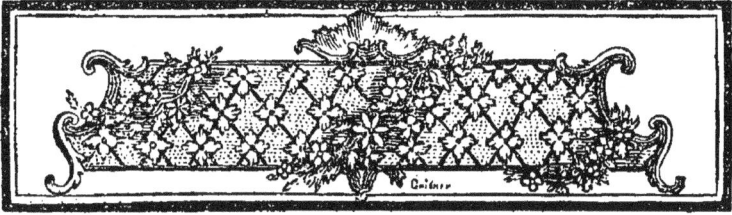

# ACTE II.

## SCÈNE PREMIÈRE.

### BLONDINE *seule.*

A l'abri du naufrage,
On ne craint plus l'orage,
Tout promet l'avantage;
Après son esclavage
 Mon ame régnera.
Oui, tout me le présage,
De ce cœur trop sauvage
L'amour triomphera.

## SCÈNE II.

### MONROSE, BLONDINE.

*Beaucoup de tranquillité de la part de Monrose dans cette scène ; il est tendre, mais sans emportement.*

#### MONROSE.

AH ! c'est vous, Blondine ; je vous cherchois.

#### BLONDINE.

Vous me cherchiez ! avec cet air sombre & chagrin ! Qu'avez-vous donc à me dire ?

MONROSE.

Caufons, & fans emportement ; rendons-nous maîtres de nous-mêmes.

BLONDINE, *à part.*

Dieu ! quel accueil ! Quand j'efpérois...

MONROSE.

Vos fermens, & l'amour plus puiffant encore, m'ont raffuré fur les enchantemens dont je vous croyois coupable. Vous n'êtes point une Fée ; je crois à cet égard tout ce que vous voulez : mais en fuis-je plus libre ? Ma chère Blondine, il ne m'eft pas permis de vous adorer.

BLONDINE.

Ma chère Blondine ! — Ah ! j'aimois bien mieux fes mépris.

MONROSE.

Je vous afflige, & je fuis déchiré moi-même : mais puifque vous vous obftinez à cacher votre naiffance, quel motif, quel prétexte oppoferois-je aux loix du devoir ?

BLONDINE.

Et c'eft ainfi que je croyois être aimée !

D 2

MONROSE.

Eh ! fi je t'aimois moins, aurois-je tant à fouf-
frir ?

> Te faut-il jurer encore,
> Un amour qui me dévore ?
> Dans mon cœur le faire éclore,
> C'étoit là ton feul efpoir.
> A t'unir avec Monrofe,
> Un cruel deftin s'oppofe ;
> Il m'en ôte le pouvoir.
>
> D'un feu que tu fis naître,
> Il faut me rendre maître.
> Je dois enfin connoître
> Et fuivre mon devoir.

BLONDINE, *à part.*

Ciel ! la fauffe Olympia s'avance ; elle m'a promis de feindre de la tendreffe ; je fuis perdue.

## SCÈNE III.

### D. OLYMPIA, BLONDINE, MONROSE.

#### MONROSE.

Vous voyez combien je m'empreſſe à vous plaire. Blondin ne vous étoit pas agréable ; il nous quitte ce ſoir.

#### OLYMPIA.

Pourquoi donc, Monroſe ? Il vous eſt attaché ; cette raiſon ſuffit pour me le rendre cher.

#### BLONDINE, à part.

Juſtement, la-voilà tendre ! Ah ! ſi je pou-vois l'avertir...

#### MONROSE.

Vous avez paru le deſirer, même avant votre arrivée.

#### OLYMPIA.

J'avois des craintes & peut-être voulois-je une preuve de complaiſance. Vous me l'offrez. Si je l'acceptois, je ne la mériterois plus.

#### MONROSE.

Cette bonté vous rend plus digne de ce léger ſacrifice,

OLYMPIA.

N'en parlons plus... [ *malignement* ] votre amour
me rafsure contre les foupçons qu'on m'avoit
donnés.

MONROSE , *embarraſſé.*

Des ... foupçons !

OLYMPIA.

Mais en vérité fa figure les juftifie.  Sa beauté
n'eft point celle d'un homme.  Voyez : la fille la
plus jolie le feroit-elle autant que lui ?

*Le jeu de cet air eſt que Blondine veut dire quelque*
*choſe à Olympia, qui l'évite ſans ceſſe en la fai-*
*ſant tourner devant elle pour l'examiner.*

Tournez-vous par-ici,
Il eft vraiment joli.
Sa marche eft élégante ,
Sa taille eft ravifsante ;
Moi je le trouve ainfi.
Le plus joli corfage ,
Les graces du bel âge.
En voyant ce beau page ,
La femme la plus fage
Aura quelque fouci.
Des yeux où l'amour brille,
Tournure fi gentille.
On diroit d'une fille.
Le trouvez-vous ainfi ?
[ *à part* ] Comme il rougit ! il grille,

Tout l'embarraffe ici.
[ *Haut* ] Il eft vraiment joli.
Moi je le trouve ainfi.

### MONROSE.

De grace, épargnez-nous l'un & l'autre.

### OLYMPIA.

Mon deffein n'eft pas de vous déplaire ; mais
avant de le renvoyer, il faudroit du moins lui
faire un fort...

MONROSE, *avec un peu d'humeur.*

Je vous prie — de m'en laiffer le foin.

BLONDINE *bas, & à part à Olympia.*

Si tu voulois bien ne pas être fi aimable !

## SCÈNE IV.

### MONROSE, OLYMPIA, BLONDINE, JULIETTE.

*Juliette a dans cette fcène beaucoup d'embarras &
de naïveté.*

MONROSE *à Juliette, avec empreffement.*

APPROCHEZ, la petite ; vous avez quelque chofe
à dire.

### JULIETTE.

C'eft que peut-être, Monfeigneur a affaire...

MONROSE.

Non, non; vous ne sauriez venir plus à pro-
pos. Laissez-nous, Blondin.... [ *Blondine sort*],
Parlez... [ *à part* ] & qu'au moins un moment je
respire.

OLYMPIA.

Voyons, mon enfant, qu'y a-t-il?

JULIETTE, *avec embarras.*

Madame, c'est que je voudrois bien vous demander la permission....

OLYMPIA.

De quoi?

JULIETTE.

De... m'en aller avec vous.

OLYMPIA.

Avec nous! & pourquoi faire?

JULIETTE.

Ah! dame, tout ce que vous voudrez; moi,
cela m'est égal.

MONROSE.

Mais encore, pourquoi voulez-vous quitter ce
pays?

JULIETTE.

Pour.... pour m'en aller.

OLYMPIA.

Eſt-ce que vous n'êtes pas contente chez maître George ?

JULIETTE.

Ah ! je le ferois encore plus avec.... avec vous.

OLYMPIA.

Avec moi ! mais à quel titre ?

JULIETTE.

Il eſt — le page de Monſeigneur ; moi, je fer-virois Madame.

OLYMPIA.

Il eſt ! — qui cela ?

JULIETTE.

Lui, Monſieur Blondin.

MONROSE, *à part avec humeur.*

Encore Blondin ! mon ſupplice n'eſt pas fini.

OLYMPIA.

Ah ! je commence à vous entendre. — Mais, mon enfant, vos parens ne voudront pas ...

### JULIETTE.

Je n'ai pas de parens du tout , que M. le Bailli qui eſt mort... Il avoit ſa gouvernante qui m'a élevée, qui m'aimoit comme ſa fille; elle eſt morte auſſi. Depuis ce tems-là je ſuis chez maître George, & je le ſers.

### OLYMPIA.

Voilà une petite fille qui m'intéreſſe beaucoup. Blondin lui convient à merveille. Qu'en dites-vous, Monroſe ? Il faut faire ce mariage - là.

### MONROSE, *avec beaucoup d'humeur.*

Vous n'y ſongez pas , Madame ... Blondin.... c'eſt une idée qui a pris tout-d'un-coup à cette petite fille, & qui s'en ira de même.

### JULIETTE, *pleurant par dégrès.*

Oh ! point du tout, car ſi vous emmenez M. Blondin , & moi que je reſte , c'eſt que je me dépiterai, — que j'en mourrai de chagrin.

### OLYMPIA.

Vous voyez bien qu'elle l'aime à la folie.

### MONROSE, *à part.*

Tout le monde l'aime ! — Et moi ! ...

JULIETTE, *naïvement.*

Si je l'aime ! hélas ! — je crois qu'oui.

Mon ame eſt ſi contente
Dès que je le vois là.
La peine me tourmente
Auſſi-tôt qu'il s'en va.
Mon œil le cherche promptement ;
C'eſt pour lui dire tendrement,
Quelle douceur extrême
J'éprouve en ce moment.
Si c'eſt là comme on aime,
Je l'aime aſſurément.

OLYMPIA.

En vérité, Chevalier, ſa naïveté m'enchante ;
je veux abſolument faire ce mariage avant de
ſortir d'ici.

MONROSE.

Mais, Madame, encore faut-il que Blondin y
conſente.

OLYMPIA.

Si vous le voulez ſérieuſement, il y conſentira.
Petite, allez promptement chercher le Notaire,
vous ſerez mariés tout de ſuite, & vous partirez
demain avec nous.

JULIETTE, *tranſportée de joie.*

Demain ! — Ah ! Madame... [ *elle fait une petite*
*révérence* ] je vous remercie.

## SCÈNE V.

### OLYMPIA, MONROSE.

#### OLYMPIA.

PARDON, mais je le pense;
Je crains votre inconstance;
Ce peu de complaisance
Augmente ma frayeur.

#### MONROSE.

Quand je vous rends les armes,
D'où viennent ces allarmes?
L'amour près de vos charmes
Enchaînera mon cœur.

#### OLYMPIA.

De vous, que dois-je attendre?

#### MONROSE.

La flâme la plus tendre.

#### *Ensemble.*

| MONROSE. | OLYMPIA. |
|---|---|
| Daignez vous-en défendre, | Je ne puis me défendre |
| Calmez cette terreur. | D'un reste de terreur; |
| Rassurez votre cœur. | Ah ! rassurez mon cœur, |
|  | Seule je puis vous plaire? |

### MONROSE.

Seule vous m'êtes chère.

### OLYMPIA.

Et votre ame eft fincère ?

### MONROSE.

Et mon ame eft fincère.

#### *Enfemble.*

Aimons - nous fans contrainte ;
Et fans cefler jamais.

### OLYMPIA.

Je crois fans nulle crainte
Ce que tu me promets.

### MONROSE.

Mon cœur exempt de feinte
Eft à vous déformais.

#### *Enfemble.*

| OLYMPIA. | MONROSE. |
|---|---|
| A l'amour fans contrainte, | Je le jure fans feinte, |
| Je cède déformais. | Et fans cefler jamais. |

### MONROSE, *à part.*

Oui, — mon parti eft pris, c'eft le feul moyen
d'être tranquille.

OLYMPIA.

Monrofe, — vous me dites des chofes tendres ;
& vous rêvez !

MONROSE.

Pardon, belle Olympia ; je rêve en effet....
J'ai — une grace à vous demander.

OLYMPIA.

Une grace ! — Dites.

MONROSE.

Vous venez d'envoyer chercher le Notaire
pour le mariage de Blondin ; mais avant tout, il
faut qu'il faffe le nôtre.

OLYMPIA.

Le nôtre ! y fongez-vous ? — [ *à part* ] Ah !
quel nouvel embarras !

MONROSE.

Oui, j'y fonge, & qui peut l'empêcher ?

OLYMPIA, *très-embarraffée pendant toute
la fcène.*

Mais, — c'eft que je ne veux me marier qu'à
Tolède, au milieu de toute ma famille.

**M O N R O S E.**

Votre famille ! — Vous voulez rire ! Vous êtes brouillée avec celle de feu votre mari , & vous n'en avez point d'autre à Tolède.

**O L Y M P I A , *à part.***

Je n'en favois rien. — [ *Haut* ] Mais n'importe ; fe marier dans un village ...

**M O N R O S E.**

Nous devons voyager enfemble , cela n'en fera que plus décent.

**O L Y M P I A.**

Non ; cette idée ne me convient point du tout.

**M O N R O S E.**

Vous m'étonnez , Olympia. Pourquoi balancer à prendre fur le champ un époux qui vous adore ?

**O L Y M P I A.**

Mais — [ *à part* ] ; d'abord c'eft que j'en ai déja un ; — [ *Haut* ] au moins jufqu'à demain ...

**M O N R O S E.**

Non ce foir ... J'entends ... c'eft fans doute le Notaire ...

**O L Y M P I A , *à part.***

Ah ! je fuis perdue ! — Non heureufement ; c'eft notre hôte.

## SCÈNE VI.

OLYMPIA, MONROSE, GEORGE, *enfuite* CHAMPAGNE, *après* JULIETTE.

### MONROSE.

QUE voulez-vous, maître George?

### GEORGE, *d'un air grave.*

*Infandum, Regina, jubes renovare dolorem.* J'apporte de triftes nouvelles.

### OLYMPIA.

Qu'eft-il donc arrivé?

### GEORGE.

D'abord, il faut que vous fachiez que dès l'an 1173 ....

### CHAMPAGNE *arrive en riant.*

Ah! ah! votre page, le voilà pourtant retourné à tous les diables d'où il venoit.

### MONROSE.

Comment, maraud! veux-tu te taire! Parle, explique-toi.

### JULIETTE, *arrivant hors d'haleine.*

Ah! Madame! eh! vîte au fecours! M. Blondin...
MON-

MONROSE.

Hé bien !

OLYMPIA.

Qu'y a-t-il ?

JULIETTE.

J'allois où Madame m'avoit dit; je le rencontre avec un Monſieur que je ne connois pas. Il me dit qu'il s'en alloit tout-à-fait, à cauſe qu'il déplaiſoit à Monſieur & à Madame. Il pleuroit; je pleure avec lui pour le conſoler. Voilà que tout-d'un-coup il eſt arrêté par une troupe d'hommes grands, grands & tout noirs, qui l'ont emporté malgré mes cris dans les tours de la forêt des Charmes.

MONROSE.

Champagne ! mon écu, ma lance, mon épée; je cours la délivrer.

OLYMPIA.

Mais on pourroit peut-être, par le moyen de l'Infante...

MONROSE.

Eh ! que me dites-vous ! quand il faut tout-de-ſuite...

E

JULIETTE.

Oh ! oui, tout-de-suite.

GEORGE.

Monseigneur, un mot.

MONROSE.

Hé bien, quoi !

GEORGE.

*Non omnia possumus omnes....*

MONROSE.

Hé ! j'ai bien le tems....

GEORGE.

De grace vous vous en trouverez bien. Il est,
dit-on, dans les tours....

Ces tours, ces noires tours, ces antres de vengeance,
Ont servi quelquefois d'azile à l'innocence.

*Impatience marquée de Monrose, qui se change à la
fin en transport de joie.*

On en a fait un colombier; j'en connois tous les
aguets ; & si vous trouvez trop de résistance à la
grande porte, je vous menerai par des souterreins,
& nous le tirerons d'affaire.

MONROSE.

Ah ! mon cher George, vous me rendez la vie.

GEORGE.

Allez devant ; je vous suis. Combattons, s'il faut combattre ; c'est moi qui vous servirai d'Écuyer.

*Monrose sort.*

OLYMPIA.

Eh ! quoi ! Monrose m'abandonne ! — [ *à part* ] l'Infante veut que je l'aille trouver ; je ne suis pas trop rassurée.

GEORGE.

*Pendant ce Quatuor George ôte son bonnet de coton, son tablier, son couteau de cuisine, & se revêt d'une vieille armure, d'une épée, prend une lance que Juliette lui apporte.*

Mon armure de campagne,
Toutes les lances que j'ai,
Mon casque à plumet de geai,
*Et cedant arma togæ.*

OLYMPIA.

Qu'on me suive ; allons, Champagne,
Et puisqu'il est outragé,
L'amour doit être vengé.

E 2

### CHAMPAGNE.

Mais y penſez-vous, Madame ?
On commence à n'y plus voir;
Nous riſquer ainſi le ſoir;
Non, je n'ai pas ce pouvoir.

#### *Enſemble.*

| JULIETTE. | CHAMPAGNE. | OLYMPIA, |
|---|---|---|
| Si j'oſois avec Madame J'irois le voir | J'ai trop de frayeur dans l'ame, Sur-tout le ſoir, | Le dépit déja m'enflâme, Nous allons voir. |

### GEORGE.

La ceinture.

### JULIETTE.

Hélas ! je pleure.

### GEORGE.

La rondache, allons, *perge.*

### OLYMPIA.

Si tu ne viens tout-à-l'heure,
Tu vas avoir ton congé.

#### *Enſemble.*

| OLYMPIA. | GEORGE. | JULIETTE. | CHAMPAGNE. |
|---|---|---|---|
| Auras-tubientôt fini ? | Oui voila que j'ai fini. | Aurez-vous bientôt fini. | Malgré que mon cœur palpite, Je voudrois en être quitte; Allons, j'ai pris mon parti. |

### TOUS.

Sortons d'ici.

*Ils ſortent.*

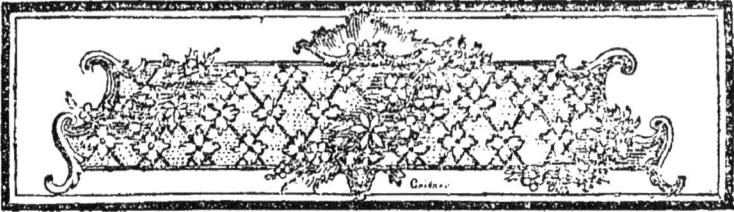

# ACTE III.

## SCÈNE PREMIÈRE.

BLONDINE, D. FADRIQUE, *des Géans.*

*Le théâtre change & repréfente une forêt obfcure ; dans le fond on voit une vieille tour, au pied de laquelle eft la porte d'un fouterrein.*

### D. FADRIQUE.

Tout va comme vous l'efpériez : le Chevalier va venir accompagné de George.

### BLONDINE.

Oh ! j'étois fûre de fon courage ; mais j'ai
befoin du trouble, que ce moment fera naître en
fon ame, pour l'obliger à rompre des nœuds qu'il
croit légitimes, & à fe déclarer enfin pour moi.

### D. FADRIQUE.

Il étoit tems ; il demandoit un Notaire, & vou-
loit époufer la fauffe Olympia fur le champ.

E 3

BLONDINE.

Je vois avec joie quel empire le devoir a fur fon ame ; il aura bien plus de force , quand il fera d'accord avec l'amour.

D. FADRIQUE.

Quelqu'un vient , rentrons , Madame.

*Blondine rentre dans la tour. **D.** Fadrique place fes Géans à différens poftes , & refte avec un d'entre-eux pour examiner celui qui arrive. C'eft George vêtu , comme on l'a vu dans la fixième fcène du fecond acte : il a de plus une lanterne ; il marche avec précaution , mais pourtant d'un air d'affu-rance. Cette pantomime s'exécute fur la ritournelle de l'air qui va fuivre.*

## SCÈNE II.

GEORGE, D. FADRIQUE & *fon camarade*, *chacun d'un côté oppofé, répétant en écho la finale de tout ce que dit George.* — *La nuit fe fait petit-à-petit.*

### GEORGE.

IL n'eft pas encore arrivé ! Monfeigneur, êtes-vous là ?

#### Les échos.

La ! — la !

### GEORGE.

Il y a quelqu'un ici ! [ *fe mettant en garde* ] Paroiffez Navarrois, Maures & Caftillans.

#### Les échos.

Illans — illans.

### GEORGE, *riant*.

Ah ! je vois ce que c'eft. — N'importe, tenons-nous fermes contre toute attaque.

#### Les échos.

Attaque — attaque.

E 4

### GEORGE.

Je ne me trompois pas : ceci devient férieux.
Qui que tu fois, viens ici que je te tue,

*Les échos.*

Tue — tue.

*Comme les échos font des deux côtés du théâtre,*
*George furieux va de l'un à l'autre, la lance en*
*arrêt ou l'épée à la main.*

*Tout cet air doit être joué avec beaucoup de feu, &*
*même de charge.*

### GEORGE.

Je prétends lui tenir tête,
Qu'il foit homme, qu'il foit bête,
— bête.
Ne crois pas que je l'endure,
Tu vas me payer l'injure.
— jure,
Sais - tu bien que je me fâche ?
Tu m'infultes fans relâche.
— lâche,
Si je puis te voir en face,
D'un revers ou d'une paffe ...
— paffe,
Mais ils font deux, ce me femble ;
S'ils alloient venir enfemble ....
Tant d'audace ne vaut rien,
— vaut rien

Vienne un homme contre un homme,
Et fur l'heure je l'affomme.

         — l'affomme.

Si je vais, à toi prends - garde,

         — prends - garde.

         — en garde.

Ma valeur les épouvante ;
Je crois qu'ils font retirés.

         — tirés.

Paroiffez, troupe infolente ;
Soyez deux, ou vingt ou trente.

         — trente,

Mais, ma foi je fuis bien bufe ;
De l'écho la voix m'abufe.

         — bufe.

Que cet aimable écho m'amufera ;
Je ne connoiffois pas cette merveille.
Ah ! par moi fa voix eft fans pareille,
La belle chofe que cet écho-là.

Mais, Monfeigneur ne vient point ! Conti-
nuons notre recherche.

## SCÈNE III.

### OLYMPIA, CHAMPAGNE.

#### OLYMPIA.

C'est par-ici que nous avons entendu une voix.

#### CHAMPAGNE.

Vous voyez bien, Madame, qu'il n'y a perfonne ; ce fera des voix d'efprits follets, qui
rodent la nuit pour vous perdre.

#### OLYMPIA, *à part.*

Ma coufine avec toutes fes folies, auroit bien
dû m'envoyer du monde.

#### CHAMPAGNE.

Madame, n'avez-vous pas vu quelque chofe?

#### OLYMPIA.

Avance un peu ; il me femble que j'entrevois
une tour ... [ *à part* ] Une femme, la nuit, dans
un bois.... & moi qui fuis peureufe. — Je me
veux bien du mal de m'être hazardée.... .

#### CHAMPAGNE.

Il fait une obfcurité de tous les diables. — Ne
me quittez pas, Madame ; tenez-moi par mon
habit.

### OLYMPIA.

Cet homme ne fert qu'à m'effrayer.

### CHAMPAGNE.

Allons ..... [ *Il entend un bruit de tambour à fon oreille, & s'enfuit en criant de toutes fes forces :* ] Miféricorde !

### OLYMPIA.

Ciel ! — Champagne ! Il me laiffe ! — Ah ! je me meurs de frayeur. — Comment fortir d'ici?

Quelle nuit ! mon cœur palpite,
Et mon ame eft interdite.
Chaque feuille qui s'agite,
Tout ajoute à mon effroi —
L'air s'irrite — il croît fans ceffe;
Il redouble ma foibleffe.
Dans le trouble qui me preffe,
Mes genoux tremblent fous moi.
Ciel ! ô Ciel ! vois ma détreffe!
Je n'efpère plus qu'en toi.

*Elle fort.*

## SCÈNE IV.

### MONROSE, GEORGE.

#### MONROSE.

GEORGE, êtes-vous là ?

#### GEORGE.

Je vous suis, Monseigneur. Ma lanterne s'est éteinte. — Hé bien ! qu'avez-vous découvert ?

#### MONROSE.

Tous les ponts relevés ; des espèces de Géans qui veillent à chaque porte, & dont aucun n'a paru seulement m'entendre & n'a voulu accepter le combat.

#### GEORGE.

Il y auroit de l'imprudence à le tenter ; ils peuvent être beaucoup. Il vaut mieux user de surprise. Suivez-moi dans ce souterrein.

#### MONROSE.

Mais, si l'on nous rencontre, aurez-vous le courage ? ....

#### GEORGE.

Qu'appellez-vous ? le courage !
Céfar est au-dessus d'une crainte vulgaire.
Suivez-moi seulement.

COMÉDIE.

## DUO.

### MONROSE.

Envain je cherche à m'en défendre,
Mon ame cède au tendre amour.
Je vais voir ... ( * ) Paix ! Je pense entendre
Un bruit de tambour.

( * ) *On entend le tambour. Monrose s'arrête, & en fait de
même chaque fois que le tambour bat.*

### GEORGE.

Oh ! c'est la sentinelle,
Sans doute, qu'on rappelle,
Qui rentre dans la tour.

*Des Géans dans le lointain.*

Qui vive ?

### GEORGE.

Ah ! prenons - garde,
Sans doute c'est la garde
Qui veille à cette tour.

### MONROSE.

Hélas ! Monrose !
Quoi tout s'oppose
A ton amour.
Chère . . . . [ *On entend encore le bruit du tambour* ]

### GEORGE.

Vîte, vîte en défense,
Ou plutôt, par prudence,
Éloignons - nous d'ici ....

## MONROSE.

Pourquoi s'enfuir ainfi.

## GEORGE.

Je vois là-bas dans l'ombre
Des Géans en grand nombre,
Le long d'un fentier fombre.
Ils viennent par-ici.

## MONROSE.

Il faut leur faire défi.

*Une troupe de Géans paroît, & fuit aux premiers coûps de Monrofe & de George qui courent à la pourfuite des Géans. D. Fadrique arrive fans bruit. Blondine paroît à la fenêtre de la tour.*

## BLONDINE.

Mais ils combattent.

## D. FADRIQUE.

Silence,
Quelqu'un s'avance.
Sachons qui c'eft.

## SCÈNE V.

D. FADRIQUE & *fa garde ; enfuite*
D. OLYMPIA.

### D. FADRIQUE.

C'EST de la part du Roi d'Efpagne ;
De l'Infante de Zamora :
Parle — qui marche là ?
[*à part*] Si c'eft Champagne',
    Il accompagne
      Olympia.
    Car c'eft fans doute
    Par cette route
    Qu'elle viendra.

### OLYMPIA.

Je n'ai plus d'efpérance ;
Dieu ! qu'elle eft ma fouffrance !

### D. FADRIQUE.

Hem ! qui s'avance ?

### OLYMPIA.

Ah ! qui que vous foyez,
Si l'honneur guide votre ame,
Je me jette à vos pieds.

### D. FADRIQUE.

Eh ! quoi c'eſt vous, Madame ,
Vous , ſeule dans ces bois.

### OLYMPIA.

Enfin je me raſſure ,
J'ai reconnu ſa voix.

### D. FADRIQUE.

Ne craignez nulle injure ,
Je ne vous quitte pas ;
Pour finir l'aventure
Je vais ſuivre vos pas.

---

# SCÈNE VI.

MONROSE, BLONDINE, OLYMPIA, D. FADRIQUE, GEORGE, *enſuite* CHAMPAGNE.

### GEORGE.

Tout paroît dans le ſilence ;
Suivez-moi ſans défiance ;
Avançons en aſſurance ,
Doucement, & parlons bas.

### MONROSE.

N'eſt-ce pas une imprudence ?
Quelle eſt donc mon eſpérance !
Je devrois fuir ſa préſence ,
Mais mon cœur ne le peut pas.

CHAM-

## CHAMPAGNE.

Quelle nuit ! je fuis en tranfe ;
Plus je marche, & moins j'avance.

## MONROSE, *entrant dans la tour avec George.*

C'en eft fait, je fuis vos pas.

## CHAMPAGNE.

Mais on marche.

## OLYMPIA.

Qui va-là ?

## CHAMPAGNE.

Jufte Ciel ! .

## OLYMPIA.

On répondra.

## CHAMPAGNE.

Sur mon ame,
C'eft Madame.
Ah ! j'allois mourir d'effroi ;
Le Ciel, malgré fa colère,
Prend enfin pitié de moi.

## OLYMPIA.

Viens & fonges à te taire,
Autrement c'eft fait de toi.

F

GEORGE, *fortant de la tour.*

Sortez, fans mot dire !

MONROSE *avec trouble, & conduifant*
*Blondine.*

Je fuis en délire.

BLONDINE.

Enfin je refpire.

GEORGE.

Gagnons le pays.

MONROSE.

Mais, qui te chagrine,
Ma chère Blondine.

OLYMPIA, CHAMPAGNE, GEORGE,
*tous trois avec étonnement.*

Sa chère Blondine !

MONROSE.

Reprends tes efprits.

GEORGE.

Quoi c'eft une femme !
Pour qui me prend-on ?

*Enfemble.*

| OLYMPIA, GEORGE | BLONDINE. | MONROSE. |
|---|---|---|
| La rage m'enflâme, | L'amour qui m'enflâme | L'amour dans mon ame |
| J'en aurai raifon. | Soutient ma raifon. | Éteint la raifon. |

OLYMPIA *environnée de valets portant*
*des flambeaux.*

Traître, parjure !
Ah ! quelle injure !
Moi, que j'endure
La trahison !

## BLONDINE & MONROSE.

Quelle aventure !

## OLYMPIA.

J'en aurai raison.

## GEORGE.

Jouer ce rôle,
Un maître d'école !

## BLONDINE & MONROSE.

Tout me confond.

## OLYMPIA, D. FADRIQUE, CHAMPAGNE.

Il ne fait quel parti prendre ;
Son embarras peut fe voir.

## MONROSE.

Auquel dois-je enfin me rendre ;
De l'amour ou du devoir.

## BLONDINE.

De vous mon fort va dépendre ;
Vous êtes mon feul efpoir.

F 2

*Ensemble*

### MONROSE.

Je brife ma chaîne,
L'amour feul m'entraîne,
Je veux déformais
Ne le perdre jamais.

### BLONDINE.

Refferre ta chaîne,
Qu'amour feul t'entraîne,
Suis-le déformais,
N'y renonce jamais.

### OLYMPIA.

Tu brifes ta chaîne,
Redoute ma haine,
Je veux déformais
Ne la perdre jamais.

### GEORGE.

La rage m'entraîne,
J'écoute la haine,
Je veux déformais
Ne la perdre jamais.

### CHAMPAGNE.

Son charme l'entraîne,
L'amour à la haine
S'unit déformais,
Pour le perdre à jamais.

### D. FADRIQUE.

Il ferre fa chaîne,
L'amour feul l'entraîne,
Il va déformais
Ne la perdre jamais.

# ACTE IV.

*Le Théâtre représente la salle d'auberge comme au premier Acte.*

## SCÈNE I.

### JULIETTE *seule.*

QUE mon ame est inquiette !
Les sons que l'écho répète,
Retentissent sur mon cœur.
Tout ajoute à ma souffrance;
La nuit, même le silence
Semble accroître ma terreur.
Le combat déja commence.
Ah ! je vole à sa défense.
Quelle horreur ! Ah ! quelle transe !
Je succombe à mon tourment.
Par pitié pour mes allarmes,
Contre moi tournez vos armes,
Et rendez-moi mon amant.

Oh ! pour le coup, j'entends.... oui, c'est lui,
c'est lui.... Eh ! non, c'est M. Champagne.

F 3

## SCÈNE II.

### JULIETTE, CHAMPAGNE.

#### CHAMPAGNE.

Oui, ma belle enfant, c'eft moi-même.

#### JULIETTE.

Comment, vous revenez fans lui !

#### CHAMPAGNE.

Sans mon maître ! non, il va bientôt arriver.

#### JULIETTE.

Et M. Blondin ?

#### CHAMPAGNE.

Ils viennent enfemble.

#### JULIETTE.

Il eft donc libre ! Oh ! je m'en vas bien vîte.
Il faut que je le voie entrer. [ *Elle court à la fenêtre.*]

#### CHAMPAGNE.

Ah ! fi je pouvois parler ! … Peut-être qu'elle
m'aimeroit, fi elle favoit que fon Blondin n'eft
pas un homme …. Mlle. Juliette ?

JULIETTE, *avec un peu d'impatience.*

Hé bien, qu'eft-ce que vous voulez ?

CHAMPAGNE.

Écoutez-donc ici, mon maître m'envoye préparer vîte fes malles ; il veut partir dès cette nuit.

JULIETTE.

Et il emmene M. Blondin ?

CHAMPAGNE.

Nous partons tous trois enfemble.

JULIETTE.

Et Madame ?

CHAMPAGNE.

Oh ! tout eft rompu entre elle & nous.

JULIETTE.

Ah Ciel ! & ce qu'elle m'avoit promis donc ?

CHAMPAGNE.

Blondin vous tient toujours au cœur.

JULIETTE.

C'eft pour ma vie.

F 4

CHAMPAGNE.

Oh ! que non. Tenez, Mlle. Juliette, vous ne l'époufferez jamais, c'eft moi qui vous le dis ; &, croyez-moi, il y a plus de parti à tirer de ma perfonne.

JULIETTE.

Oh ! cela ne fe peut pas.

CHAMPAGNE.

Je vous déplais donc bien.

JULIETTE.

Vous ne me déplaifez pas ; je vous trouve affez bien fait, affez agréable, & vous êtes plus poli que tantôt : — mais vous n'êtes pas M. Blondin, voilà ce qui vous manque.

CHAMPAGNE.

Oh ! s'il ne me manque que cela, vous verrez que c'eft bien peu de chofe.

JULIETTE.

Comment donc ?

CHAMPAGNE.

Je n'ai qu'un mot à vous dire. Si jamais vous êtes obligée d'oublier Blondin, — promettez-moi de n'époufer que Champagne.

JULIETTE.

Si jamais je l'oublie ! Oh ! je puis vous le
promettre, je ne rifque rien.

CHAMPAGNE.

Voilà tout ce que je vous demande.

JULIETTE.

Oui je l'aime pour la vie ;
S'il faut qu'un jour je l'oublie
Je ferai quelque folie,
Et je puis fonger à vous.

CHAMPAGNE.

S'il faut perdre pour la vie
Cet objet de votre envie,
Pour guérir cette folie
De moi faites votre époux.

JULIETTE.

Par lui je fais comme on aime,
Me l'apprendrez vous de même.

CHAMPAGNE.

Je pourrai mieux que lui-même
Vous apprendre comme on aime.

JULIETTE.

L'aimer eft mon bien fuprême,
Vous m'en offrez un moins doux.

CHAMPAGNE.

A l'égard du bien suprême
Vous jugerez entre nous.

O ciel ! — venez m'aider ; j'entends mon maître,

JULIETTE.

Oh ! je cours au-devant de M. Blondin.

## SCÈNE III.

BLONDINE, MONROSE, CHAMPAGNE,
JULIETTE.

MONROSE, *ayant l'air égaré, conduisant*
*Blondine.*

NON, non ; nous ne ferons point séparés, ce
que vos charmes, ce que la violence d'un amour
combattu n'a point fait, cette persécution l'a su
faire.

BLONDINE.

Monrose ! faut-il que vous vous perdiez pour
moi ?

MONROSE.

Que faites-vous là vous autres ? Mes malles...
Comment, maraud ! je t'envoye exprès ...

CHAMPAGNE.

Dame, tout-à-l'heure ! vous vous amusiez de votre côté , & moi du mien. [ *Il sort.* ]

JULIETTE *à demi-bas.*

M. Blondin.

BLONDINE.

Laissez-nous, ma chère amie .... [ *Juliette sort , en témoignant beaucoup d'étonnement & de douleur* ] Olympia va se liguer avec toute votre famille.

MONROSE.

Mon premier serment & le devoir d'un Chevalier sont de secourir la beauté malheureuse ; t'abandonnerai-je après t'avoir délivrée , & quand tu n'as que moi pour appui ?

BLONDINE.

Mais vous avez des engagemens.

MONROSE.

Oui , de vous défendre envers & contre tous. Je n'en connois point d'autres.

BLONDINE.

L'amour occupe aujourd'hui votre ame toute entière ; mais l'ambition peut s'y réveiller un jour. Quels cruels repentirs elle y feroit naître !

MONROSE, *avec noblesse.*

Vous me connoiſſez mal. En m'uniſſant à vous je ne renonce point à la gloire ; je contracte au contraire un nouveau beſoin d'en acquérir. Si mon amour eſt un tort aux yeux du monde, c'eſt à mon courage à le réparer.

### DUO.

BLONDINE.

Que cette ardeur m'enchante !

MONROSE.

Elle eſt digne de toi.
Qui peut encore allarmer mon amante ;

BLONDINE.

Ton amour même augmente mon effroi.

MONROSE.

Parle.

BLONDINE.

Je crains . . . .

MONROSE

Je t'aime.

BLONDINE.

Et ton ame eſt conſtante ?

### M O N R O S E.

En pourrois - tu douter ?

### B L O N D I N E.

Ton cœur fut combattu.

### M O N R O S E.

Mais l'amour fut vainqueur.

### B L O N D I N E.

    Quelque autre objet encore
Peut rendre à tes foupçons . . . .

### M O N R O S E.

   O ciel ! que me dis - tu ?
Souviens - toi que ce cœur t'adore.
Oui mon ame eft dans l'yvreffe ,
Et Blondine en eft maîtreffe.
Je me livre à la tendreffe
Qui m'enchaîne à fes attraits.

### B L O N D I N E.

Ah ! conferve cette yvreffe ;
Sois conftant, & que fans ceffe
Ton amante & fa tendreffe
Pour ton ame ait des attraits.

### M O N R O S E.

Tu me crois ?

### B L O N D I N E.

   Je fuis tremblante.

MONROSE.

Quel foupçon !

BLONDINE.

Il me tourmente.
Réponds-moi. Si quelque amante,
T'offroit des biens, des honneurs . . . .

MONROSE.

La fortune eft impuiffante
Pour féduire les grands cœurs.

BLONDINE.

Mais la gloire eft plus brillante.

MONROSE.

Pour toi feule elle me tente.

BLONDINE.

Si c'étoit enfin l'Infante ?

MONROSE.

Je répondrois à l'Infante,
» Sans Blondine, mon amante,
» Gardez toutes vos faveurs.»

*Enfemble.*

Voilà, voilà comme on aime,
L'amour eft le bien fuprême ;
Il fuffit feul à nos cœurs.

## SCÈNE IV.

BLONDINE, MONROSE, CHAMPAGNE, *enfuite* JULIETTE.

### CHAMPAGNE.

Vos malles font faites, mais, fi vous voulez partir, il faut vous dépêcher, car j'entends là-bas un tapage qui ne m'annonce rien de bon.

### MONROSE.

Comment ! que pourroit-ce être ?

### JULIETTE, *arrivant toute effrayée.*

Ah Monfieur ! Monfieur Blondin ; cachez-vous vîte, vîte.

### BLONDINE.

Moi !

### MONROSE.

Qu'y a-t-il de nouveau ?

### JULIETTE.

Et pendant ce tems-là, les Alguazils qui font à notre porte.... Venez avec moi dans le petit grenier.

### MONROSE.

Les Alguazils !

BLONDINE, *à part.*

Pour cette fois, c'eſt ſans mon ordre.

JULIETTE.

C'eſt Monſieur George qui dit comme-ça, que ce n'eſt pas votre page, & qu'on vient l'enlever.

MONROSE.

Quoi ! la cruelle Olympia .... Retirez-vous un moment ; laiſſez-moi voir ....

JULIETTE, *pleurant.*

Il dit auſſi qu'il faudra la confronter. — Confronter, Monſieur ! cela lui fera-t-il bien du mal ?

MONROSE.

On vient, de grace, laiſſez-vous conduire.

SCÈNE

# SCÈNE V.

## MONROSE, CHAMPAGNE, GEORGE, JULIETTE, *enfuite* D. FADRIQUE.

*George en robe d'Avocat par-deffus fon habillement de cuifinier, accompagné de deux de fes garçons, traverfant le théâtre d'un air fort-échauffé, entre & fort à chaque phrafe.*

### GEORGE.

Garre ! garre ! où eft-il ? c'eft de la part de l'Infante.

### MONROSE.

Que veut-on ? qui cherche-t-on ?

### GEORGE.

Vous allez voir. — Ah ! ah ! je vous apprendrai à me faire fervir à vos amours illicites. — Regardez dans la chambre à coucher. — Jouer de ces tours à un Avocat confultant ! — Defcendez jufqu'à la cave, — à un maître d'école en exercice ! — Voyez dans le grenier à foin. — A un cuifinier françois ! — Bon, bon ! voilà qu'on vient le prendre.

### MONROSE.

Champagne, mon épée.

G

D. FADRIQUE, *vêtu en Héraut d'armes.*

C'eſt de la part de l'Infante de Zamora.

### MONROSE.

Sire Héraut, je reſpecte infiniment ſes ordres, mais on n'aura qu'avec ma vie ....

### GEORGE *à D. Fadrique.*

Je plaide ici contre lui, Monſeigneur.

### D. FADRIQUE.

Laiſſez-nous, bon homme. — Chevalier, n'êtes-vous pas ....

### JULIETTE, *qui revient.*

Non, Monſeigneur ; il n'y eſt pas, je vous aſſure.

### GEORGE.

En ma qualité d'Avocat, je dois parler le premier.

### D. FADRIQUE.

Eh ! mes enfans, on ne ſonge point à vous. — N'êtes-vous pas le Chevalier Monroſe de Bretagne ?

### MONROSE.

Je le ſuis en effet .... [ *à part* ] J'ai vu cette figure ....

GEORGE.

Oui, Monſeigneur , & ſon prétendu page eſt
une fille qu'il a enlevée à ſes parens.

JULIETTE.

C'eſt une fille !

D. FADRIQUE.

Paix donc ! — Daignez me répondre. Vous
n'êtes pas marié ſans doute.

MONROSE.

Pas encore.

D. FADRIQUE.

Vous ſerez donc des nôtres. — Sachez que
l'Infante, dans l'intention de prendre un époux,
prépare un tournois, auquel elle invite tous les
Chevaliers de différentes nations. Celui qui rem-
portera le prix pourra prétendre à ſon trône & à
ſa main. Vous êtes françois, & la gloire parle;
après celle que vous venez d'acquérir, héſiterez-
vous d'en mériter une nouvelle ?

MONROSE.

Certes , je ne trahirai point l'idée . . . .
[ à part , douloureuſement ] C'eſt donc Blondine qu'il
faut trahir!

G 2

GEORGE, *confondu d'étonnement.*

Diable !

JULIETTE, *avec surprise & douleur.*

Comment, M. Blondin n'est qu'une fille !

*Ces cinq personnages, chacun dans une attitude dif-*
*férente, doivent former tableau ; chacun d'eux est*
*abîmé dans la rêverie pendant que l'autre chante.*

| MONROSE. | CHAMPAGNE. |
|---|---|
| Que ferai-je, ah ! quelle peine ! | Au tournois il faut vous rendre ; |
| Quand l'amour ici m'enchaîne, | A l'Infante il faut prétendre. |
| C'est la gloire qui m'entraîne. | Ah ! je crois déja l'entendre, |
| Que ferai-je en ce moment ? | Pour époux on vient vous prendre, |
| Est-il plus affreux tourment ? | Le tambour fait patapan. |
| **D. FADRIQUE.** | **GEORGE,** |
| Il gémit ; l'amour fait rage ; | Je suis une lourde bête. |
| Dans son cœur je vois l'orage | Je finirai mal la fête. |
| Qui se forme en ce moment ; | Il me semble avoir en tête |
| Dans son cœur je vois l'orage | D'une cloche le battant, |
| Qui se forme en ce moment. | Qui fait di, don, di, din, dan. |

JULIETTE.

Non, je n'aime plus personne...
Ah ! j'avois l'ame trop bonne...
A l'amour on s'abandonne...
Et j'en pleure en ce moment,
Est-il plus cruel tourment ?

MONROSE.

J'ai pris mon parti, je vais vous suivre ; mais
je déclare, & j'en ferai de même au tournois,

que mon ame, fenfible à la gloire, l'eft de même à l'amour. Loin d'ofer prétendre à l'Infante, je jure, fitôt après le tournois, quelque fort que j'y éprouve, d'époufer à l'inftant .... [ *Une voix derrière le théâtre* ] l'Infante de Zamora.

*Le mur du fond s'écroule & laiffe voir un palais magnifique. L'Infante eft fur un trône ; à fes côtés eft* **D.** *Mendoça. Entr'elles il y a une place vuide. Toute la Cour de l'Infante environne le trône.*

## S C È N E  VI. & dernière.

### LES PRÉCÉDENS, L'INFANTE, D. MENDOÇA.

#### M O N R O S E.

Dieu ! que vois-je ?

#### L'I N F A N T E.

L'Infante, ou plutôt ta chère Blondine ; elle le fera toujours pour toi.

#### M O N R O S E.

Quoi ! mon page .... toute cette magie ....

#### L'I N F A N T E.

J'ai voulu t'éprouver par un art bien fimple. Tu étois entourré d'illufions ; mon amour feul n'en étoit pas une.

MONROSE, *avec surprise en voyant*
*D. Mendoça.*

Et — D. Olympia.

### L'INFANTE.

Non, mais D. Mendoça, ma cousine.

### D. MENDOÇA.

Chevalier ! vous m'avez maltaitée ; je crois que
je me venge affez joliment.

*Enfemble.*

| D. FADRIQUE. | L'INFANTE. |
|---|---|
| L'art feul de la Princeffe | Le mien de ta tendreffe, |
| Avoit tout préparé. | Enfin eft affuré. |

| MONROSE. | CHAMPAGNE. |
|---|---|
| De la plus douce yvreffe | Avec affez d'adreffe |
| Mon cœur eft pénétré. | L'en voilà retiré. |

### GEORGE.

A mon impertinence,
A mon extravagance,
Accordez le pardon.

### MONROSE.

Bon ! eft-ce que j'y penfe ?

L'INFANTE, *lui donnant une bourſe.*

George, acceptez ce don.

CHAMPAGNE.

Votre fortune eſt faite ;
Que Monſeigneur permette
Que j'y ſonge à mon tour.

D. MENDOÇA.

Je connois ſon amour ;
Juliette eſt ce qu'il aime.

L'INFANTE.

Et vous, ma chère enfant ?

JULIETTE, *pleurant.*

Mon plaiſir eſt extrême,
Madame ; en cet inſtant
Votre bonté m'honore,
Mais je crains bien encore
D'aimer Monſieur Blondin.

CHAMPAGNE.

Quand vous ſerez ma femme,
Je ſaurai de votre ame
Mieux trouver le chemin.

JULIETTE.

Voulez-vous être aimable,
Ayez cet air affable
Qu'avoit Monſieur Blondin.

### C H A M P A G N E.

J'aurai bien autre chofe
Que je tais, & pour caufe;
Vous le faurez un jour.

### *Enfemble.*

Livrons - nous à l'amour;
Au plaifir il appelle.
Qu'une ardeur éternelle
Couronne ce beau jour !


F  I  N.


A STRASBOURG, de l'Imprimerie de LEVRAULT,
Imprimeur de l'Intendance.

www.ingramcontent.com/pod-product-compliance
Lightning Source LLC
Chambersburg PA
CBHW060635100426
42744CB00008B/1635